AF890070

Your Path to Freedom:

Answers to Your Questions About Family Immigration

By:

George F. McCranie IV, Esq.

Best Selling Author and Criminal Defense Attorney

Copyright © 2015 by George F. McCranie. All Rights Reserved.

Published by We Published That, L.L.C., Duluth, Georgia

No part of this book may be copied, reproduced or used in any way without obtaining prior written consent by the Authors or Publisher.

Limit of Liability/Disclaimer of Warranty: While the publisher and authors have used their best efforts in preparing this book, they make no representations or warranties with respect to the accuracy or completeness of the contents of this book and specifically disclaim any implied warranties of merchantability or fitness for a particular purpose. No warranty may be created or extended by sales representatives or written sales materials. The advice and strategies contained herein may not be suitable for your situation. You should consult with a professional where appropriate. Neither the publisher nor authors shall be liable for any loss of profit or any other commercial damages, including but not limited to special, incidental consequential, or other damages.

ISBN: 978-0-9962875-1-7

For more information, please write:
We Published That, L.L.C.
c/o Adam Weart
PO Box 956669
Duluth, GA 30095

Tabla De Contenidos

De parte del autor:

Mi familia emigró a los Estados Unidos de la pequeña isla de Jura, Escocia en 1750. Comprendo totalmente que ser un inmigrante no es fácil… en aquellos tiempos no era fácil venir a los Estados Unidos y hoy en día las leyes de Inmigración y procedimientos son muy complicados y casi incompresible para la persona promedio. Hoy en día los Inmigrantes necesitan saber mucho más y enfrentar muchas más dificultades en la vida que las personas que han tenido la suerte de nacer en los Estados Unidos. En el año 2007 viajé a Acapulco, México con mi familia. Pudimos conseguir nuestro primer vistazo a las condiciones de vida de la gente común en esa zona de México. Varios años más tarde tuve la suerte de convertirme en el productor de la premiada película documental acerca de un orfanato en Acapulco, México – ***Mi Casa Hogar.*** La película a sido un éxito tremendo y ha ayudado a recaudar más de $150,000 para nuevos dormitorios en el orfanato.

Aquí Inmigrantes también necesitan ayuda para comprender sus opciones de inmigración. Como resultado, decidí escribir algo que es fácil de leer, entender y poner en práctica con el propósito de ayudar a que muchas familias se puedan mantener juntas ayudado a inmigrantes a obtener su estatus legal en los Estados Unidos.

Este libro da ejemplos de muchos de los errores comunes que los inmigrantes cometen debido a que

mientras se mantiene a sí mismos en la oscuridad de las consecuencias de inmigración.
Es un resumen de las preguntas y respuestas más importantes que todo inmigrante debe de saber para evitar una deportación y evitar los costosos y aveses trágicos errores de los demás.

Hay un "*Camino hacia la Libertad*" y al leer este libro se está poniendo a usted y su familia en el camino legal a la felicidad en los Estados Unidos.

¡LEA, APRENDA Y PÓNGALO EN PRÁCTICA
Y SU VIDA COMO INMIGRANTE SERÁ MÁS FELIZ Y SEGURA!

¿Cómo funciona?

Si examinamos el sistema de inmigración en su totalidad, quedará impresionado con lo simple y complejo que es al mismo tiempo. El sistema está estructurado de esta manera para que sea fácil que los inmigrantes puedan reunirse con sus familias en los Estados Unidos y para que los trabajadores especializados puedan venir a los Estados Unidos a contribuir a la economía de este país. Suena ideal, ¿verdad? Si funcionara de esta manera, tendríamos un sistema eficaz y nunca tendríamos problemas de inmigración ilegal en los Estados Unidos. Por desgracia, tenemos que enfrentar la triste realidad. Muchas personas vienen a los Estados Unidos ilegalmente para vivir y trabajar en los Estados Unidos sin ninguna autorización. Vienen aquí por una variedad de razones. Unos, para obtener cualquier tipo de empleo; algunos para escapar la crueldad en sus países natales y otros para proveer una mejor vida y un futuro más seguro para sus hijos.

Creo firmemente que debemos educar a todas las personas que no han nacido en los Estados Unidos acerca de la manera "correcta" de inmigrar a los Estados Unidos o por lo menos cómo pueden arreglar su estatus actual de "ilegal" a un estatus "legal" mientras se encuentra en los Estados Unidos.

RECOMIENDO FIRMEMENTE INMIGRAR "DE LA MANERA CORRECTA" O POR LO MENOS INTENTAR BUSCAR LA MANERA DE "LEGALIZAR" SU ESTATUS.

Existen dos maneras principales de inmigrar a los Estados Unidos. La primera es por medio de su empleador. Se conoce como inmigración por motivos de empleo. La segunda es por medio de un familiar "calificante" lo cual se conoce como inmigración por motivos de familia. Concentrémonos en la inmigración por motivos de familia. Si usted no es un miembro inmediato de un ciudadano de los Estados Unidos (un miembro inmediato es un cónyuge, un padre o una madre, o un hijo o hija que no haya cumplido los 21 años), usted pertenece a una de estas cuatro (4) categorías de preferencia.

Por ejemplo, si usted es un adulto (mayor de 21 años de edad), y es el hijo/a soltero/a de un ciudadano de los Estados Unidos, usted pertenece a la primera (1) categoría. Si es casado o es el hijo/a soltero/a menor de 21 años de edad o soltero/a hijo/a (mayor de 21 años) de un residente permanente o LPR (por sus siglas en inglés), usted pertenece a la segunda (2) categoría. Si usted es el hijo/a casado/a de un ciudadano de los Estados Unidos, usted pertenece a la categoría número tres (3). Y la cuarta (4) categoría incluye a hermanos de ciudadanos de los Estados Unidos. Existen muy pocas excepciones del sistema de preferencia. Los cónyuges, los hijos menores de 21 años de edad, y los padres de ciudadanos de Estados Unidos no pertenecen a ninguna categoría. Eso significa que ellos no tienen que esperar por un número de preferencia para calificar y no tienen que esperar para obtener su tarjeta de residente o "green card". Pueden aplicar ahora.

EN LA INMIGRACIÓN POR MOTIVOS DE FAMILIA, ¡EXISTEN CUATRO CATEGORÍAS DE PREFERENCIA!

Cada categoría tiene su propia fecha de prioridad la cual puede cambiar cada treinta (30) días. Puede acelerarse pero también puede retrasarse. La mayor parte de las personas en cada categoría están esperando la fecha de prioridad para calificar y proceder con su Tarjeta de Residencia Permanente o ("Green Card"). Sin embargo, hay veces que se toma tanto tiempo que la gente se enferma, muere o tiene que salir del país sin tener la oportunidad de obtener un estatus permanente legal en los Estados Unidos. ¡Es muy triste! Por ejemplo, un hermano o hermana de un ciudadano de los Estados Unidos que ha nacido en México tiene que esperar aproximadamente 17 años antes de ajustar su estatus legal y obtener la residencia permanente en los Estados Unidos. Por lo tanto, en cuanto su fecha de prioridad esté disponible, ¡proceda con su proceso de residencia permanente lo más pronto posible!

¡LA MAYORIA DE LA GENTE ESTÁ ESPERANDO POR UNA FECHA DE PRIORIDAD PARA CALIFICAR Y PODER SOLICITAR SU RESIDENCIA PERMANENTE!

Pero los que todavía están esperando que su fecha de prioridad esté disponible no tienen tanta suerte. Cada vez que salen de sus hogares no saben si van a regresar debido a que corren el riesgo de que la policía los pare o ser arrestados o expulsados a sus países natales por ICE. Vamos a repasar lo que ocurre si una persona es detenida por ICE o por la policía y cuáles son los derechos, si alguno, que la persona tiene para mantenerse en este país.

2. He sido arrestado… ¿Qué puedo hacer ahora?

¿En alguna ocasión han visto a una persona (vamos a llamarlo "José") que han parado en la carretera y luego es arrestado? Déjenme decirles que no es nada placentero observarlo. Unos cuantos policías con las sirenas puestas y policías con armas que se veían intimidantes rodearon a José. El tráfico se congestionó debido a que todo el mundo quería ver a José esposado, preguntándose el motivo por el cual lo detuvieron en la carretera. La gente automáticamente juzga a José pensando que es culpable de algún tipo de ofensa grave y merece ser arrestado. A lo mejor es una persona inocente que la policía paró porque tenía una luz fundida en su vehículo y ahora está siendo interrogado acerca de su estado de inmigración.

Si una persona, que no es ciudadana de los Estados Unidos, no puede producir algún tipo de identificación o evidencia de presencia legal en los Estados Unidos, ella o él puede ser trasladado a la cárcel y ICE puede colocar a esa persona en proceso de expulsión y eventualmente la persona puede ser deportada de los Estados Unidos si no califica para algún tipo de ayuda, tal como: ajuste de estatus legal, cancelación de deportación, NACARA, asilo, salida voluntaria, etc.

A menudo, los inmigrantes afirman ser ciudadanos de Estados Unidos mintiéndole a un oficial. A veces ocurre subconscientemente debido a que es mucho más fácil decir, "Soy americano" pensando que el oficial va a creer esa mentira, en vez de enfrentar un interrogatorio desagradable y más papelería. Sin embargo, al hacer eso, un inmigrante está arriesgándose a una sentencia de muerte, por así decirlo. Si usted le comunica a cualquier oficial del gobierno que usted es ciudadano de los Estados Unidos cuando en realidad no lo es, usted será deportado a su país ¡y se le prohibirá solicitar cualquier beneficio de inmigración en los Estados Unidos por el resto de su vida!

Desafortunadamente, muchos inmigrantes se han visto obligados a hacerlo por falta de conocimiento. Usted puede creer que es una locura, pero la ley es la ley. Muchos de los inmigrantes me han dicho que si solamente hubieran sabido las graves consecuencias de esa acción, jamás lo hubieran hecho…
Es una escena muy común donde muchas personas están en proceso de deportación sin darse cuenta de que es así.

¡MUCHAS PERSONAS ESTÁN EN PROCESO DE DEPORTACION SIN DARSE CUENTA DE QUE ES ASÍ!

Después de que José no pudo producir los papeles necesarios para comprobar su estatus legal en los Estados Unidos, fue trasladado a la cárcel para procesarlo hasta que las autoridades determinaran qué hacer con él: acusarlo de

una ofensa criminal o transferirlo a ICE para ponerlo en proceso de deportación.
Si José ha sido deportado anteriormente, no le daran la oportunidad de ver a un juez de inmigración y defender su caso para tratar de quedarse en los Estados Unidos.

Si José jamás ha sido deportado anteriormente, existe opciones: (1) ver a un juez de inmigración y pelear su caso para tratar de quedarse en los Estados Unidos; o (2) solicitar una salida voluntaria y regresar a su país natal sin tener que ver a un juez de inmigración. Muchas veces, los oficiales no comunican claramente las opciones que existen a las personas como José y, lamentablemente, muchas personas no se dan cuenta de la importancia de este paso.

Al instante que alguien firma una salida o retorno voluntario, esa persona renuncia a sus derechos de pelear su caso frente a un juez de inmigración. Por lo tanto, cuando un inmigrante viene a una consulta con un abogado de inmigración después de que el daño se ha hecho, esa persona pudo haber tenido un buen caso para calificar para una tarjeta de residencia legal permanente o "green card" pero desafortunadamente debido a que firmó la salida o retorno voluntario, no hay ningún tipo de remedio.

¡EN MUCHAS OCASIONES, AL INSTANTE QUE FIRMA LA SALIDA O RETORNO VOLUNTARIO, RENUNCIA A LOS DERECHOS DE VER A UN JUEZ DE INMIGRACIÓN EN SU CASO!

Por ejemplo, imaginemos que José ha estado viviendo en los Estados Unidos desde el 1998 cuando entró ilegalmente con su esposa y un hijo pequeño. Mientras estuvo en los Estados Unidos, José y su esposa tuvieron gemelos. Debido a que los gemelos nacieron en los Estados Unidos, automáticamente se consideran ciudadanos de los Estados Unidos. Desafortunadamente los dos gemelos han sido diagnosticados con retraso mental. Basado en las leyes de inmigración de los Estados Unidos, José califica para solicitar una residencia permanente ("Green Card") por medio de una "Cancelación de Deportación para Residentes No Permanentes" debido a que cumple con los requisitos necesarios: (1)ha estado viviendo en los EE. UU. por lo menos 10 años sin interrupción; (2) no se le ha encontrado culpable de un delito grave o "felonía"; y (3) puede probar que si él y su esposa fueran expulsados de Estados Unidos a México, su país natal, los gemelos sufrirían una dificultad excepcional y extremadamente fuera de lo normal.

Pero debido a que José tenía suerte y estaba bien informado cuando lo pararon, no firmó ningún documento para aceptar una salida voluntaria. El respetuosamente le pidió al oficial de ICE que le diera la oportunidad de ver a un juez de inmigración para pelear por su derecho de permanecer en los Estados Unidos y solicitar su residencia permanente. En este caso, después de llenar los papeles, José fue puesto en libertad bajo palabra y esperó una fecha para su primera audiencia de expulsión frente a un juez de inmigración. Debido a que nuestro sistema judicial está inundado de miles y miles de casos de expulsión, es posible que le tome de 3 a 5 años completar el caso y José podría obtener su tarjeta de residencia o *Green Card*. Pero estoy seguro que valdrá la pena la espera para convertirse en un residente permanente de los Estados Unidos; él y su familia dormirían bien y residirían en los EE. UU. sin estrés por el resto de sus vidas.

¡NO TODO EL MUNDO CALIFICA PARA UNA FIANZA!

Pero ¿qué pasa si José tenía una condena criminal previa y lo pararon por una violación de tránsito? En ese caso, si José no firma una salida voluntaria, podría ser detenido por ICE y trasladado a uno de los centros de detención en Georgia, localizados en Atlanta, Ocilla, Gainsville and Lumpkin. Si las ofensas de José no son graves, puede calificar para salir bajo una fianza de inmigración. La cantidad de las fianzas varían. La cantidad mínima es $1,500 y, lamentablemente, no hay un límite máximo. La cantidad de la fianza es determinada por el juez de inmigración durante la audiencia de fianza. El juez puede tomar en consideración factores importantes tales como, si el detenido representa un peligro a la comunidad, si representa un riesgo de huir si se le pone en libertad, su edad, su estado civil, sus antecedentes de trabajo, su antecedentes de inmigración y antecedentes penales, su servicio a la comunidad en el pasado y su elegibilidad para obtener un alivio de deportación.

¡LA CANTIDAD MÍNIMA DE UNA FIANZA ES $1,500 Y NO EXISTE LÍMITE MÁXIMO!

No apresure espontáneamente a una audiencia de fianza sin un abogado de Inmigración que lo represente! El derecho a una audiencia de fianza no se concede a un detenido automáticamente. Primero, el detenido tiene que solicitar la audiencia. Algunas veces, el agente de ICE puede ofrecerle al detenido una audiencia de fianza inmediatamente. En la mayoría de los casos, el detenido toma esta oportunidad para ir frente a un juez a una audiencia de fianza sin estar preparado pensando que mientras más rápido tenga una audiencia de fianza, más rápido saldrá del centro de detención bajo fianza. Sin embargo, no siempre funciona de esa manera.

Generalmente, cuando el detenido es arrestado y trasladado al centro de detención, no posee todos los papeles necesarios para que el juez pueda considerar que el detenido pueda ser puesto en libertad bajo fianza. Asi, debido a la falta de documentación, el juez niega la fianza o establece una cantidad de fianza sumamente alta que el detenido no puede pagar. Entonces, la persona tiene que mantenerse detenida sin fianza. Y todo ocurrió debido a que el detenido se aceleró a una audiencia de fianza sin estar preparado o haber consultado con un abogado de inmigración.

Si José solicita una audiencia de fianza al instante que llega a uno de los centros de detención sin ningún tipo de consejo legal de parte de un abogado de defensa y el juez procede con una audiencia y niega la fianza debido a la falta de documentación, será <u>prácticamente imposible</u> que el nuevo abogado contratado obtenga éxito en sacar a José bajo fianza. Así es que es importante obtener a un abogado de inmigración, o por lo menos consultar con uno de ellos al principio del proceso de deportación.

¡BAJO LA LEY, USTED TIENE SOLAMENTE UNA OPORTUNIDAD DE SOLICITAR UNA AUDIENCIA DE FIANZA!

3. ¿Cuáles son mis derechos como inmigrante?

¡Cuando José fue detenido en la carretera, no sabía que tenía derechos como inmigrante!

1. Derecho a permanecer en silencio. Si la policía o cualquier oficial del gobierno lo para y empieza a interrogarlo sobre su estado de inmigración, usted tiene el derecho de mantener silencio. Este derecho puede ejecutarse en cualquier lugar que esté siendo interrogado, en su casa o en un lugar público. Recuerde, si le dice a cualquier oficial que usted es un ciudadano americano cuando no lo es – ay una suspensión <u>de por vida</u> para solicitar cualquier beneficio de Inmigración.
2. El derecho de ser representado por un abogado. Usted tiene el derecho de ser representado por un abogado en su caso; sin embargo el gobierno no paga por el costo del abogado.
3. El derecho a rehusarse a firmar ningún documento de inmigración y usted puede solicitar hablar con un abogado de inmigración <u>antes</u> de firmar ninguno de esos documentos. Algunas veces el representante del gobierno puede continuar con el papeleo indicando que usted se rehusó a firmar.
4. Derechos contra arrestos ilegales. Usted tiene el derecho de ser arrestado legalmente. Un oficial de inmigración de EE. UU. generalmente puede arrestar a alguien sin tener una orden de arresto solamente si sospecha que usted está en los Estados

Unidos ilegalmente y sospecha que se dará a la fuga antes de que una orden de arresto pueda obtenerse en su contra.

5. El derecho contra el registro e incautación. Excepto en casos de emergencias, generalmente se requiere que las autoridades obtengan una orden de cateo emitida por un juez antes de que puedan registrar su casa. Usted tiene el derecho de negarles la entrada a su casa si no tienen una orden de registro e incautación válida firmada por un juez. Para entrar al lugar de trabajo de un inmigrante, el oficial tiene que tener una orden de registro e incautación válida o una orden de arresto o el permiso del jefe para entrar al lugar de trabajo.
6. Los derechos relacionados con el empleo. Usted tiene el derecho de recibir salario mínimo. Usted tiene el derecho de ser tratado y ser pagado justamente en el lugar de trabajo. Usted no puede ser detenido en su trabajo en contra de su voluntad. Usted tiene el derecho de tener un lugar de trabajo libre de peligros o riesgos que le pongan en peligro o puedan causarle daño.

4. ¿Necesito trabajar... ¿Tengo permiso de el goviern o?

La realidad es que si usted desea sobrevivir en este mundo, tiene que trabajar, a menos que haya nacido en bandeja de plata o haya heredado una suma de dinero grande o por algún milagro se haya ganado la lotería. La mayoría de los inmigrantes que tienen el privilegio de trabajar no son ricos. De hecho, son muy pobres pero están dispuestos a trabajar arduamente para poder mantenerse a ellos y a sus familias. En realidad, ellos son la gente más trabajadora que he conocido en mi vida.

¡LOS INMIGRANTES SON LA GENTE MÁS TRABAJADORA QUE HE CONOCIDO EN MI VIDA!

Los inmigrantes no le temen al trabajo: trabajan bajo el despiadado sol de Georgia en temperaturas de más de cien grados, limpian inodoros, trabajan en los campos de agricultura, construyen casas, lavan platos y sirven en los restaurantes, limpian oficinas y casas y mantienen nuestros alrededores de jardinería. ¡Nunca se quejan! ¿Y saben por qué? Porque algunos no tienen los papeles para trabajar legalmente en los Estados Unidos. Por lo tanto, muchos piensan que no tienen derechos y no pueden quejarse o solicitar que se les trate mejor y muchas veces no tienen ninguna otra opción excepto hacer el trabajo que esté disponible en ese momento.

Nuestra sociedad acepta que se ofrezcan servicios y productos más baratos debido a nuestra fuerza laboral, pero se lavan las manos cuando tiene que ver con ofrecerle a estos inmigrantes que tanto contribuyen a nuestra economía una manera de legalizar su estado.

Si no es ciudadano estadounidense, para poder trabajar oficialmente en los Estados Unidos usted necesita prueba de estatus legal. Para residentes permanentes, usted necesita proveer su número de seguro social al igual que su tarjeta de residencia permanente.

Para aquellos que no tienen estatus legal en los Estados Unidos, ¡es un problema inmenso!

Antes era mucho más fácil obtener cualquier tipo de trabajo en el estado de Georgia aunque no tuviera prueba de estatus legal. Sin embargo, con muchos cambios en la ley, los empleadores tienen más restricciones y se les prohíbe emplear a personas que no tienen documentación legal. Si algún negocio en el estado de Georgia a sabiendas emplea a un trabajador que no puede proveer documentación de su estatus legal, este negocio puede sufrir las consecuencias. Primero, el negocio recibe una advertencia escrita y una multa y, segundo, si el problema no se soluciona, el negocio puede perder su licencia.

CUALQUIER NEGOCIO PUEDE SUFRIR LAS CONSECUENCIAS DE CONSCIENTEMENTE

EMPLEAR A TRABAJADORES INMIGRANTES SIN COMPROBACIÓN DE ESTADO LEGAL.

El sistema E-Verify se creó con este propósito para que los negocios puedan confirmar electrónicamente el estatus legal de trabajo en los Estados Unidos de cada uno de los empleados. Esto creó un enorme problema para muchos negocios. Algunos empleadores compartieron conmigo que habían tenido muchas personas trabajando con ellos sin papeles por muchos años en su negocio y el negocio se afectó cuando perdieron a esos empleados. Los dueños de negocio confiaban en estos empleados por tantos años que los consideraban como familia y sabían que podían confiar en la producción de un trabajo de calidad.

Cada comerciante me dijo que tratarían de hacer todo lo posible y lo imposible por tratar de componer el estatus legar de estos empleados para que se mantuvieran en sus negocios. Un comerciante me dijo que su negoció sufriría grandes pérdidas si no encontraban una manera de legalizar el estado de inmigración de estos valiosos empleados que habían estado con ellos por 15, 20 o 25 años trabajando hombro a hombro y que harían lo posible por tratar de arreglar su estatus migratorio al fin de mantenerlos en su negocio.

¡TODOS LOS COMERCIANTES CON QUIENES YO HABLÉ COMENTARON QUE ESTARÍAN DISPUESTOS A HACER CUALQUIER COSA PARA AYUDAR A SUS EMPLEADOS A OBTENER PAPELES!

Algunos inmigrantes que no tienen residencia permanente pueden obtener un número de seguro social y autorización de empleo para trabajar legalmente en los Estados Unidos. Si ya ha presentado papeles con el servicio de inmigración para tramitar su residencia permanente y está esperando la decisión de su caso, usted puede trabajar legalmente en los Estados Unidos con una autorización de empleo y número de seguro social. Además, si usted se encuentra en proceso de deportación y está peleando su caso ante un juez de inmigración, usted también puede solicitar y obtener una autorización de empleo. Existen otros casos donde los inmigrantes pueden obtener autorización de empleo y calificar para trabajar legalmente en los Estados Unidos.

¡ALGUNOS INMIGRANTES QUE NO SON RESIDENTES PERMANENTES PUEDEN OBTENER UN NÚMERO DE SEGURO SOCIAL Y AUTORIZACIÓN DE EMPLEO!

Cada vez que usted solicita una autorización de empleo, se requiere que pague una cuota por proceso administrativo al Servicio de Inmigración y Trámites de Ciudadanía de los Estados Unidos [Citizenship and Immigration Services ("USCIS" por sus siglas en inglés)]. Una tarjeta de autorización de empleo es válida solamente por un año y tiene que ser renovada noventa (90) días antes de la fecha de vencimiento. Si su caso ha sido negado por un juez de inmigración o el Servicio (USCIS), generalmente el documento de autorización de empleo es automáticamente anulado y no puede ser renovado otra vez.

¡LA TARJETA DE AUTORIZACIÓN DE EMPLEO ES VÁLIDA SOLAMENTE POR UN (1) AÑO PERO PUEDE SER RENOVADA!

* * *

EL 15 de junio de 2012, Janet Napolitano, Directora del Dpto. de Seguridad Nacional, declaró un Memorándum titulado "Ejecución de Discrecionalidad para Acusar a Individuos que vinieron a los Estados Unidos cuando eran Niños" el cual provee una nueva manera de obtener documentos de autorización de empleo.

MEMORANDUM DE JANET NAPOLITANO "EJECUCIÓN DE DISCRECIONALIDAD PARA ACUSAR A INDIVIDUOS QUE VINIERON A LOS ESTADOS UNIDOS CUANDO ERAN NIÑOS"

Solo aquellos individuos que puedan comprobar por medio de documentación que pueda verificarse que califican para este criterio serán elegibles para acción diferida. Las personas que no se encuentran en los Estados Unidos actualmente y no puedan probar que han estado físicamente presentes en el país por un período sin interrupción de no menos de 5 años inmediatamente antes de la fecha del 15 de junio de 2012 no califican.

De acuerdo con el Memorándum de la Directora del 15 de junio de 2012, para calificar para una acción diferida, las personas tienen que:

- Haber entrado a los Estados Unidos antes de la edad de dieciséis años;
- Haber residido en los Estados Unidos sin interrupción cinco años antes del 15 de junio y estar físicamente en los Estados Unidos y fuera de estado legal en 15 de junio de 2012;
- Estar matriculadas en la escuela, haberse graduado de la escuela preparatoria, haber obtenido un certificado de GED, o haber sido dado de alta del Servicio Militar de los Estados Unidos;
- No habérsele encontrado culpable de una ofensa grave o felonía, una ofensa menor, múltiples ofensas menores, o presentar una amenaza a la seguridad nacional o a la seguridad pública;
- No haber cumplido los treinta años de edad antes del 15 de junio de 2012.

Las personas también tienen que completar una investigación de antecedentes y, para aquellos individuos que solicitan al USCIS y no están sujetos a una orden de deportación final, tienen que ser mayor de los 15 años de edad para aplicar. Bajo ciertos reglamentos, un individuo a quien se le ha otorgado acción diferida califica para obtener autorización de empleo por el período de la acción

diferida, siempre y cuando pueda demostrar "una necesidad económica por la cual necesita empleo."
La acción diferida puede terminar en cualquier momento a la discreción de la agencia o ser renovada por la agencia.

UN INDIVIDUO A QUIEN SE LE HA CONCEDIDO UNA ACCIÓN DIFERIDA CALIFICA PARA OBTENER AUTORIZACIÓN DE EMPLEO POR EL PERÍODO DE LA "ACCIÓN DIFERIDA".

5. Estar casado... ¿Me ayuda o me perjudica?

A todo el mundo le gustaría vivir feliz por el resto de sus vidas, tener una boda hermosa con música e invitar a todos sus familiares y amistades a celebrar el día más feliz de su vida. Sin embargo, si usted es un inmigrante sin estatus legal en los Estados Unidos, usted tiene que pensarlo muy bien antes de acceder al matrimonio. Ya sé que suena un poco raro pero créame que la decisión de casarse puede afectar su caso de inmigración negativamente o positivamente, dependiendo de su estatus de inmigración actual y el tipo de caso que usted tiene frente al servicio de inmigración.

Vamos a tomar a nuestro amigo José, como ejemplo. José vino a los Estados Unidos a mediados del 2005. Él utilizó una visa de turista para entrar a los Estados Unidos por un período de tres (3) meses. No obstante, después que el plazo de los tres meses se venció, José se enamoró tanto de este país que decidió quedarse ilegalmente en los Estados Unidos. Él ha estado viviendo ilegalmente en los Estados Unidos durante todo este tiempo y nunca ha sido arrestado o deportado de los Estados Unidos. En el 2010, José conoció a Angélica. Se enamoraron y se casaron. Hubo la casualidad que Angélica era ciudadana de los Estados Unidos. José tuvo la suerte que Angélica accedió a casarse con él cuando le pidió que se uniera a él por el resto de su vida. Ahora, la pregunta es si José podrá quedarse legalmente en los Estados Unidos. Y la respuesta es "Sí, el puede!"

Inmediatamente que José y Angélica se casaron, Angélica, como ciudadana de los Estados Unidos, tendrá que presentar una solicitud de ajuste de estatus legal ("Green Card"). Tan pronto se procesan los papeles por medio de USCIS, la pareja es invitada a una entrevista frente a un oficial de inmigración para determinar si el matrimonio es válido y concede o niega la solicitud de ajuste de estatus basado en una variedad de factores. En el caso de José, eso no debe causar ningún problema porque José se casó con Angélica por amor y no por obtener beneficios de inmigración. Por lo tanto, la tarjeta de residencia legal sería aprobada y lo considerarían para una residencia permanente en los Estados Unidos. Felicidades, José. ¡Su matrimonio lo ayudó a obtener su estatus legal en los Estados Unidos!

MATRIMONIOS FALSOS

Todos deben saber las consecuencias de los matrimonios falsos (fraudulentos). Los matrimonios falsos no son tolerados por el Servicio de Inmigración. Un solicitante que a sabiendas ha solicitado beneficios de inmigración basado en un matrimonio fraudulento será castigado por el resto de su vida. Las personas se desesperan y hay veces que no piensan en las consecuencias de sus acciones. Debido a la falta de alguna posibilidad en el momento de presentar sus papeles o por falta de conocimiento, hacen cosas de las que se pueden arrepentir por el resto de sus vidas.

Un representante de ICE puede deportar a una persona a su país natal y jamás podrá regresar legalmente a los Estados Unidos. ¿Qué ocurriría si el Presidente de los Estados Unidos y el Congreso aprueban una reforma migratoria o crean una nueva manera de convertirse en Residente Permanente de los Estados Unidos en el futuro cercano que no estaba disponible anteriormente? Debido a que usted fue deportado por fraude matrimonial, ¡usted nunca podrá beneficiarse de ninguna reforma o de ninguna nueva ley de inmigración en el futuro!
¿Vale la pena el riesgo?

Como en nuestro ejemplo anterior, José entró a los Estados Unidos legalmente y decidió quedarse a pesar de las restricciones de inmigración de su visa. Sin embargo, debido a que estaba tratando de encontrar cualquier manera de legalizar su estatus y no tenía nada disponible en ese momento, decidió tratar de encontrar una manera de jugar con el sistema. Un amigo le había comentado que si alguien había entrado con una visa y se casaba con un ciudadano de EE. UU., esa persona puede obtener una tarjeta de residencia fácilmente. Entonces, José decidió arriesgar su suerte y tratar de buscar a una muchacha que accediera a casarse con él por dinero. Una noche conoció a Susan en un bar y ella le dijo que era ciudadana de EE. UU. e hicieron un trato. Ella estuvo de acuerdo en casarse con José, presentar una petición para él y mantenerse casada por lo menos dos años hasta que José recibiera su tarjeta de residencia. José estuvo de acuerdo en pagarle

$10,000 a Susan en dos pagos de $5,000 cada uno (un pago se pagaría por adelantado y el pago final a final del segundo año). Ambos se dieron la mano en su “acuerdo” y comenzaron el proceso.

Todo parecía ir viento en popa como José había visualizado. No obstante, cuando la pareja fue a la entrevista de USCIS, el plan comenzó a derrumbarse. El Oficial de Inmigración comenzó a hacerle preguntas muy personales sobre la relación de la pareja y ninguno de los dos pudo responder a las preguntas que les hacían sobre cada uno de ellos. Después de unos minutos, el oficial le advirtió a Susan que ella podía ir a prisión y pagar una multa por representación falsa. Susan se puso muy nerviosa e inmediatamente le admitió al oficial que José le había pagado para obtener una tarjeta de residencia. José jamás podrá solicitar ningún beneficio de inmigración en los Estados Unidos. José no sólo perdió los $5,000, pero también perdió la oportunidad de un futuro en los Estados Unidos.
¿Valio la pena el riesgo? –No lo creo!!

* * *

En algunos casos, cuando uno se quiere casar por amor, como inmigrante, tiene que pensarlo dos veces. Antes de hacerlo, cada inmigrante tiene que hacerse estas preguntas:

1. ¿Tengo un caso pendiente con el Servicio de Inmigración?
2. ¿Qué tipo de caso tengo?
3. ¿A cuál categoría de preferencia pertenezco?

4. ¿Qué ocurriría con mi caso de inmigración si me caso ahora?
5. ¿Tengo una lista de por lo menos tres (3) abogados a quiénes consultar antes de casarme?

Normalmente no pensamos en estas preguntas cuando deseamos casarnos... pero debemos de hacerlo. Supongamos que su padre quien es un residente legal permanente o "LPR", por sus siglas en inglés, presentó una petición familiar general (I-130) para usted durante el 2002. Usted pertenece a la categoría de prioridad 2B como el hijo soltero (mayor de 21 años de edad) de un residente legal permanente o LPR. Su caso está pendiente con el servicio, USCIS, y usted está esperando su fecha de prioridad. Es posible que tome bastante tiempo para que esté disponible. Durante este período de tiempo, usted está considerado "sin estado" debido a que todavía no tiene estatus legal en los Estados Unidos, pero al mismo tiempo está esperando su caso que está en proceso. Tenga en mente que mientras está esperando que la fecha de prioridad esté disponible, usted no califica para obtener un permiso de trabajo o un número de seguro social.

MIENTRAS ESTÉ ESPERANDO PORQUE SU FECHA DE PRIORIDAD ESTÉ DISPONIBLE, USTED NO CALIFICA PARA UN PERMISO DE TRABAJO O UN NÚMERO DE SEGURO SOCIAL.

Si la policía lo para y un policía le pide una identificación, la cual no pudo proveer, es muy posible que el policía llame a ICE y usted sería arrestado y trasladado a un centro de detención o a una oficina de ICE para ser procesado. Sin embargo, si usted provee una copia de un Aviso de Aprobación de un Formulario I-130, el oficial puede dejarlo ir porque su caso está pendiente. He visto situaciones donde el policía no sabía lo que era una Forma I-130 y como mi cliente no pudo proveer ningún tipo de identificación, mi cliente fue trasladado inmediatamente a ICE sin ningún otro remedio.

ICE conduce una investigación exhaustiva del estatus de inmigración de la persona y entonces deciden qué hacer; si ponerlo en libertad bajo palabra, transferirlo a un centro de detención o deportarlo inmediatamente de los Estados Unidos. Sin embargo, si pueden proveer una copia de la forma I-130, existe una oportunidad que esos individuos puedan ser puestos en libertad. En el caso de el cliente, cuando fue trasladado a ICE, la oficina pudo comunicarse con el oficial de ICE y enviarle una copia del Aviso de Aprobación de su I-130 por fax. El cliente fue puesto en libertad ese mismo día.

EL AGENTE DE ICE PUEDE: PONER A LA PERSONA EN LIBERTAD BAJO PALABRA; TRASLADAR LA PERSONA A UN CENTRO DE DETENCIÓN O

INMEDIATAMENTE EXPULSAR A LA PERSONA DE LOS ESTADOS UNIDOS.

Pero qué ocurre si mientras está esperando la fecha de prioridad, usted decide casarse. Usted no pensó que era algo importante y no sabía que su padre lo había peticionado. No consultó con ningún abogado de inmigración y siguió adelante con sus planes de matrimonio.

Usted ha estado esperando por un tiempo y ahora, finalmente, se enteró que la fecha de prioridad está disponible y puede proceder con el paso final de su residencia permanente. Es más, usted estaba tan emocionado por la noticia que decidió llenar los papeles por su propia cuenta. Usted investigó todo lo que tenía que hacer, llenó las formas necesarias, adjuntó los documentos necesarios y pagó las cuotas de administración necesarias y envió todo a la dirección de USCIS. Hizo todo eso para enterarse unos cuantos meses después que no calificaba para una residencia permanente debido a que había abandonado su derecho de la petición I-130 el día que se caso…

USTED INVIRTIÓ TODO ESE DINERO Y ESPERÓ TODOS ESOS AÑOS PARA ENTERARSE DE QUE NO CALIFICABA PARA APLICAR…

Usted perdió todo este tiempo y dinero porque usted no tuvo la diligencia debida de consultar con un profesional antes de casarse. Su matrimonio le afectó negativamente a su caso.

Por favor consulte con un abogado de inmigración cuando esté listo para tomar decisiones grandes en su vida aunque no esté seguro si tiene un caso pendiente con el servicio de inmigración. Usted nunca sabe hasta que consulta con un abogado de inmigración. He presenciado tantos casos similares al que hemos descrito anteriormente y me ha molestado tanto que la gente no piense en consultar con un abogado por diferentes razones pero, principalmente, por no querer pagar el precio de la consulta. Esa es la razón por lo cual todas nuestras consultas son **GRATIS**.

Así es que ahora, ¡tome las riendas de su vida y su futuro en los Estados Unidos ya que no tiene ninguna excusa!

6. La asistencia que recibo del gobierno... ¿Ayudará realmente a mi caso?

Muchos de mis clientes que vienen a mi consulta gratuita están preocupados sobre la ayuda del gobierno. Muchos de ellos han solicitado esta ayuda a beneficio de sus hijos que son ciudadanos de los Estados Unidos; algunos de ellos han solicitado beneficios para tener un bebé o para obtener estampillas de alimentos, etc.
El Servicio de Inmigración castiga a los inmigrantes que solicitan beneficios del gobierno y se convierten en una *"carga pública"*. Sin embargo, recibir ayuda del gobierno no necesariamente califica a una persona como una *"carga pública."*

RECIBIR AYUDA DEL GOBIERNO NO SIGNIFICA AUTOMÁTICAMENTE QUE EL INVIDUO ES UNA CARGA PÚBLICA.

"Carga pública" ha sido parte de las leyes de inmigración de los EE. UU. por más de 100 años como una base fundamental de inadmisibilidad y deportación. Un individuo que es posible se convierta en una carga pública no es admisible a los Estados Unidos y no califica para convertirse en residente permanente legal.
¿QUÉ ES UNA "CARGA PÚBLICA"?

Una "*carga pública*" como un individuo que es posible que se convierta en alguien que "principalmente depende del gobierno para sobrevivir, de acuerdo con el hecho de que tenga que recibir asistencia pública por medio de recibo de efectivo para mantenerse, o que tenga que ser institucionalizado a largo plazo con costo al gobierno."

Para determinar si un inmigrante llena los requisitos de la definición de carga pública inadmisible, un número de factores son considerados, incluyendo: su edad, su salud, su estatus familiar, sus bienes materiales, sus recursos, su estado financiero, su educación y sus destrezas. Ningún factor singular, excepto el de la falta de una declaración jurada en apoyo, si se requiere, determinaría si el individuo es una carga pública.

LOS BENEFICIOS QUE NO SE CONSIDERAN UNA "CARGA PÚBLICA"

Bajo las normas de la agencia, los beneficios que no son dinero en efectivo y los beneficios de dinero en efectivo para un propósito especial (que no se proporcionan con la intención de manutención) no se consideran carga pública. Tales beneficios incluyen:

- **Medicaid** y otros seguros de salud (incluye asistencia pública para vacunas y para pruebas y tratamiento de síntomas de enfermedades contagiosas, uso de las clínicas de salud, servicios de rehabilitación a corto plazo, servicios prenatales) además de soporte para cuidado institucionalizado a largo plazo.

- **Programa de Seguro de Salud para Niños** [Children's Health Insurance Program] o "CHIP", por sus siglas en inglés.
- **Estampillas de alimentos**, el programa de Nutrición Suplementaria Especial para Mujeres o "WIC", por sus siglas en inglés y el Programa Nacional de Desayuno y Almuerzo de las Escuelas Públicas y otros programas suplementarios y de emergencia de asistencia de alimentos
- **Beneficios de Vivienda**
- **Servicios de Cuidado de Niños**
- **Asistencia de pagos de electricidad**, tales como el Programa de Asistencia con Pagos de Electricidad para Personas de Bajos Recursos [Low Income Home Energy Assistance Program] o "LIHEAP" por sus siglas en inglés
- **Recursos de emergencia en caso de desastres**
- **Asistencia de custodia tutelar y adopción**
- **Asistencia educativa** (tales como asistencia a escuelas privadas), incluye beneficios bajo el programa Head Start y ayuda con educación primaria, secundaria y universitaria
- **Programas de entrenamiento laboral**

- Beneficios no en dinero en efectivo bajo **TANF**, tales como los subsidios de cuidado de niños o los subsidios de tránsito
- Pagos en efectivo que se hayan ganado, tales como beneficios **de Seguro Social del Título II, pensiones gubernamentales, beneficios de veteranos** y otras formas de beneficios obtenidos
- **Compensación de desempleo**

Tenga en mente que a los residentes permanentes legales (LPR) que tienen su tarjeta de residencia no se les puede negar la ciudadanía americana por haber recibido beneficios públicos para los cuáles califican.

7. ¿Es el "notario" mi amigo o mi enemigo?

¿Quiénes son los "Notarios"? ¡Notarios NO son abogados! Muchas veces, usan el término "*Notario Público*" para anunciar sus servicios a la comunidad Hispana. Sin embargo, este título no es reconocido en los Estados Unidos y no puede usarse para proveer ningún tipo de consejo legal o ningún tipo de servicios legales. Estos individuos no están calificados para proveer ningún tipo de servicio de inmigración o servicios de inmigración relacionados con la comunidad.

A menudo estos individuos desean ayudar a la comunidad, pero realmente terminan causando problemas en vez de ayudar. Frecuentemente, los notarios se aprovechan de la gente a quienes proporcionan servicios, engañándolos con promesas de un proceso de inmigración simple y alegando que los abogados cobran demasiado y que ellos, los notarios, están ahí para ayudar a la comunidad cuando en realidad, sí, los notarios generalmente cobran poco dinero con el propósito de atraer a mucha gente lo cual puede funcionar al principio pero, acuérdese que puede ser una trampa! Para evitar fraude, ¡use su sentido común!

LOS NOTARIOS GENERALMENTE COBRAN MUY POCO PARA ATRAER A MUCHA GENTE. RECUERDE, ES UNA TRAMPA!

Las siguientes sugerencias le pueden ayudar a considerarlo:

- No le crea a nadie que le hable sobre una nueva ley de inmigración secreta o alega tener conexiones o influencia especial con ninguna agencia de gobierno;
- No le pague dinero a nadie por referirlo a un abogado de inmigración;
- Rechace a cualquier "abogado de inmigración" que no tenga licencia;
- Nunca firme una solicitud que contiene información falsa y trate de no firmar formularios en blanco. Si tiene que firmar algo en blanco, asegúrese de recibir una copia y verifique todo lo que contiene ese formulario. Si los documentos se encuentran en un idioma diferente al suyo, pida que el documento se le traduzca o se le explique detalladamente en su propio idioma.
- Insista recibir un contrato por escrito que liste detalladamente los honorarios y costos relacionados y asegúrese de obtener un recibo, especialmente si paga en efectivo.

¡NO DEJE QUE LOS NOTARIOS LO LASTIMEN A USTED Y A SU FAMILIA!!!

Usted no podría creer las veces que me he tenido que enfrentar a situaciones dónde muchos de mis clientes han sido víctimas de notarios sin escrúpulos. Cuando el inmigrante vino a mi oficina, ya era muy tarde para arreglar la situación. La única respuesta que pude ofrecerle a este cliente fue: "no puedo hacer nada por usted: el daño ya está hecho..." Imagínese si este cliente no hubiera ido a un notario para procesar sus papeles, no hubiera puesto a él ni a su familia en una situación como esta, pero nada puede hacerse y él será castigado por el resto de su vida. ¡Ese pequeño error que cometió al consultar con una persona no profesional le costó todo!

Me apena que esto esté ocurriendo todos los días y muchas personas terminan siendo víctimas de los notarios sin darse cuenta del daño que pueden hacer hasta que es muy tarde. Se creen que están ahorrando dinero al usar los servicios de un notario, cuando en realidad al final, no son elegibles para legalizar su estatus aquí en los Estados Unidos y están dispuestos a pagar cualquier cantidad de dinero para corregir el error del notario. Desafortunadamente, es muy tarde y no importa la cantidad de dinero, ya no pueden resolver la situación en la cual se encuentran.

MUCHOS DE LOS NOTARIOS NO PONEN SU NOMBRE COMO EL PREPARADOR DE LAS FORMAS!

Muchos notarios no ponen su nombre como el preparador de las formas. En este caso, será casi imposible saber quién lleno las formas. Por lo que la conclusión es que no hay nadie a quien culpar o castigar por los errores realizados por notarios. Por lo que el servicio de inmigración sabe, que completó el formulario usted mismo, firmo las formas y usted es el culpable de cualquier error. Por lo tanto, la única persona que sufre es el inmigrante o la familia de el inmigrante....TU!

TOME LA DECISIÓN CORRECTA - ¡EVITE EL FRAUDE DE NOTARIOS Y CONTRATE A UN PROFESIONAL!

Otra razón por la cual no debe de contratar a un notario... Los notarios no tienen licencia en los Estados Unidos para ejercer abogacía o para proveer consejo legal. Muchos han sido castigados por ejercer sin autorización.

Por otro lado, si usted consulta con un profesional, tal como un abogado de inmigración que tiene licencia y un número de registro en Estados Unidos sufrirá menos daños y obtendrá más opciones... Cada abogado es responsable de cualquier error que cometa en su caso. Si es así, usted calificará para recibir compensación por cualquier daño o pedir un reembolso completo o parcial si su abogado no se encargó de su caso de la manera adecuada. En ese caso, la asociación estatal de abogados puede involucrarse en el proceso de su reclamación de reembolso de parte de ese abogado.

Como puede darse cuenta, no tienen mucho valor y no hay ventaja en ir a un notario en vez de obtener ayuda de parte de un profesional... Tome la decisión correcta - ¡ES SU VIDA!

QUE ES DAPA? Y COMO ME PUEDE AYUDAR?

El Presidente Obama recientemente promulgo la Acción Diferida Parental (DAPA). Este nuevo proceso permitirá a los padres de un hijo o una hija que sea ciudadana estadounidense un status de acción diferida por 3 años con autorización de empleo.

Como ayudara DAPA a José? Jose vino ilegalmente a los Estados Unidos a trabajar en 1998. Vivió y trabajo sin ningún problema en el estado de Georgia. Conoció a María en el 2008 y tuvieron 2 hijos que son ciudadanos americanos. Ellos nacieron en el 2009 y 2010.
José puede probar que residió interrumpidamente en los EE.UU. desde el 2004 hasta hoy en día. José estaba físicamente presente en los EE.UU. el 20 de noviembre 2014, pero aún no tenía estatus legal. DAPA permitirá a José recibir un estado de acción diferida de 3 años con un permiso de trabajo. Ahora que José va a trabajar no tendrá que preocuparse de que él podría ser arrestado y deportado y no volver a casa a María y los niños!

Con el fin de calificar para DAPA y recibir la acción diferida con una autorización de empleo por 3 años el solicitante tiene que:

1. Tener en el 20 de Noviembre, 2014 un hijo o hija ciudadano americano o residente permanente legal;
2. Ha residido continuamente en los EE.UU. desde antes del 01 de enero 2005;

3. Debe estar presente físicamente en los EE.UU. el 20 de noviembre de 2014 y físicamente presente en los EE.UU. en el momento de presentación de la solicitud DAPA;
4. No tiene ningún estatus legal en 20 de noviembre 2014;
5. No es una prioridad de la fuerza
6. No presenta otros factores (como ser declarado culpable de un delito grave, o 3 o más delitos menores) que en el ejercicio de descreación fiscalía hace una concesión de acción diferida inapropiada
7. USCIS comenzará a aceptar aplicaciones 180 días desde la fecha de la convocatoria
8. La cuota será de $468- pagado al gobierno de Estados Unidos.

DAPA por sí sola no va a conceder una "tarjeta verde". Pero permitiría a José permanecer y trabajar legalmente en los EE.UU. hasta que califique para un ajuste de estatus. Cada caso es único y a veces los inmigrantes pueden calificar de maneras que no están conscientes para obtener un estatus legal en los EE.UU.

Table Of Contents

Chapter 1:
How does it work?
Brief overview of the immigration system

CHAPTER 1 – How does it work?

If you look at the entire immigration system of the United States you will be impressed at how simple and complex it is at the same time. The system is structured this way to make it easy for immigrants to join their families in the United States or high skilled workers from foreign countries to come and contribute to the economy of the United States.

Sounds perfect, doesn't it? If it only worked the way it sounds that would be terrific and we would never have a problem with illegal immigration in the United States, but unfortunately, we have to face an ugly reality. A lot of people come to the United States illegally to reside and work in the United States without any papers. They come here for a variety of reasons: some - for any kind of employment; some - to escape cruelty in their native country; and some - to provide a better life and future for their kids.

I am a *strong believer* of educating every single person not born in the United States about the "right way" to immigrate to the United States or at least to find the way how they can fix their current "illegal" status to a "legal" one while already being in the United States.

I HIGHLY RECOMMEND TO IMMIGRATE "THE RIGHT WAY" OR AT LEAST TRY TO FIND THE WAY TO FIX CURRENT "ILLEGAL STATUS"

There are two primary legal ways to immigrate to the United States: the first one is through your employer. It's called employment-based immigration; the second one is through one of your family members. It's called family-based immigration.

Family-based immigration

Let's concentrate on family-based immigration, which is the main focus of my firm. If you are not an immediate family member of a United States citizen (immediate family member is a spouse, parent, or a child under 21 years of age), you will belong to one of the four (4) preference categories. For example, if you are an adult (over 21 years of age), unmarried son or daughter of a United States citizen - you will belong to the first (1) category. If you are a spouse or unmarried child under 21 years of age or unmarried son/daughter (over 21 years of age) of a permanent resident (LPR) - you will belong to category number two (2). If you are a married son or daughter of a United State citizen - you will belong to category number three (3). And the fourth (4) category will include brothers and sisters of United States citizens.

Of course, there are a few exceptions to the preference system. Spouses, children under 21, and parents of United States citizens do not belong to any category. That means they don't have to wait for their preference number to become available and will not have to wait in a long line in order to obtain their green card. They can apply now.

IN FAMILY-BASED IMMIGRATION, THERE ARE FOUR PREFERENCE CATEGORIES!

Each category has its own priority date, which could be changed every 30 days. It could go forward, but it also could go backwards. The majority of people in each category are waiting for the priority date to become available in order for them to proceed with their Permanent Residency ("Green Card"). *However, sometimes the wait is so long that people get sick, die, or leave the country without having a chance to obtain a lawful permanent status in the United States. And that is sad!*

For example, a brother or sister of the United States citizen born in Mexico would have to wait about 17 years before they can adjust their status and obtain their permanent residency in the United States. However, if your priority date becomes available - Oh, happy day, you can proceed with your permanent residency as soon as possible!

THE MAJORITY OF PEOPLE ARE WAITING FOR THEIR PRIORITY DATE TO BECOME AVAILABLE IN ORDER TO APPLY FOR THEIR PERMANENT RESIDENCY!

But the ones who are still waiting for their priority date to become available are not that lucky. Every time they leave their house they don't know if they're coming back as they have a high risk of being stopped by police or arrested and deported back to their country of origin by ICE.

Let's see what happens when the person gets stopped by ICE or the police and what kind of rights, if any, that person has in order to stay in this country.

<u>Chapter 2:</u> I've been arrested – Now What?

CHAPTER 2 – I've been arrested – Now What?

Have you ever seen a person *(let's call him "José")* being stopped on the freeway and now he is arrested on the side of the road? Let me tell you - it's not a very pleasant sight. A few police cars surrounded José with the sirens on, police officers with guns looking intimidating. Traffic is bad because everybody wants to see José in handcuffs, wondering about the reason he was stopped on the side of the road. People automatically judge José thinking that he's guilty of some serious crime and deserves to be arrested. Maybe he is an innocent person who got stopped because of a broken light on his car and now he's being questioned about his immigration status.

If a person, *who is not a citizen of the United States*, is unable to produce a form of identification and evidence of legal presence in the United States *he or she will be taken to jail and ICE will process him or her for the removal proceedings and eventually that person will be deported from the United States if he or she is not eligible for any kind of relief from deportation, such as: Adjustment of Status, Cancellation of Removal; NACARA, Asylum, Voluntary Departure, etc.*

Often, immigrants claim to be citizens of the United States by saying a lie to the officer. Sometimes it happens subconsciously as it is much easier to say, *"I am an American citizen"* hoping that the officer buys that lie, rather than deal with the unpleasant questioning process and additional paperwork.

However, by doing so an immigrant sets himself up for a sort of death row! Yes, you heard me right... death row... If you tell any government official that you are a U.S. Citizen when you are not, you will be deported back to your home country and prohibited from applying for any Immigration Benefits in the U.S. for the rest of your life!

Unfortunately, many immigrants have been punished for doing so because of the lack of knowledge. You might think that it is absolutely crazy, but the law is the law.

Many immigrants have stated to me that if they only knew that they would face such harsh consequences, they would have never done that. It is a very typical scenario where a lot of people are going through the deportation process without even realizing that.

MANY PEOPLE ARE GOING THROUGH A DEPORTATION PROCESS WITHOUT EVEN REALIZING THAT!

After José was unable to produce the necessary paperwork in order to prove his legal status in the United States, he was put in jail for further proceedings until authorities figure out what to do with him: to charge him with a criminal offense or to transfer him to ICE for deportation proceedings. If José was deported in the past, he will <u>not</u> be given an opportunity to see an Immigration Judge and plead his case in order to stay in the United States.

If José has <u>never been deported</u> in the past, he has a choice:

1. *to see an Immigration Judge and fight for his case in order to remain in the United States;*

2. *to sign a voluntary departure and go back to his country of origin without seeing an immigration judge. Often, officers do not clearly state the options for people like José and unfortunately, many people do not realize the importance of this step.*

The moment someone signs a voluntary departure, that person waives his rights to fight for his case in front of an immigration judge. So, when an immigrant comes to consult an immigration attorney after the damage has already been done, he might have a great case and might even have qualified for lawful permanent residency (green card), but unfortunately because he signed voluntary departure, there is nothing that can be done.

IN MANY INSTANCES, THE MOMENT YOU SIGNED A VOLUNTARY DEPARTURE - YOU GAVE UP YOUR RIGHT TO FIGHT FOR YOUR IMMIGRATION CASE!

For example, let's imagine that José has been residing in the United States since 1998 when he entered illegally with his wife and a minor child.

While in the United States, José and his wife had twins. Because the twins were born in the United States, they are automatically considered to be citizens of the United States.

Unfortunately, both of their twins were diagnosed with mental retardation. Based on the immigration laws of the United States, José is qualified to apply for permanent residency (Green Card) in the form of "Cancellation of Removal for Non-Permanent Residents" as he meets all the necessary requirements:

1. *He has been residing continuously in the U.S. for at least 10 years;*
2. *He has not been convicted of any felony;*
3. *He can prove that if he and his wife are deported from the U.S. back to Mexico, their country of origin, the twins will suffer exceptional and extremely unusual hardship.*

José happened to be lucky and informed, so when he was stopped, he did not sign a voluntary departure document. Instead, he respectfully asked the ICE Officer to give him an opportunity to see an immigration judge and fight for his ability to stay in the United States by applying for his permanent residency.

In this case, after filling out some paperwork, José was released on his own recognizance and in the future he will be provided with a date, time and a place for his first removal hearing in front of the Immigration Judge. *Because our court system is flooded with tons of removal cases, it might take José from **3 to 5 years** before his case is completed and he is able to obtain his Green Card.* But I am sure it is worth the wait as after he becomes a Permanent Resident of the United States, he and his family can sleep well and reside in the U.S. stress-free ***for the rest of their lives.***

NOT EVERYONE IS ELIGIBLE FOR A BOND HEARING!

But what if José has a previous criminal conviction and he happened to be stopped for a traffic violation? In this case, if José does not sign Voluntary Departure documents, he will be held by

ICE and most likely transferred to one of the major detention facilities in Georgia that are located in Atlanta, Ocilla, Gainesville and Lumpkin.

If José's criminal offense is not serious, he will be eligible to apply to be released on an immigration bond.

The amount of a bond varies. ***Minimum amount of bond is $1,500*** and unfortunately, there -***is no maximum***. The final amount of bond will be determined by the Immigration Judge during the bond hearing. The Judge will look at several important factors, such as: whether the detainee is a danger to the community, whether the detainee is a flight risk if released, age of detainee, his marital status, his employment history, his immigration and criminal history, his involvement in the community and his eligibility for relief from deportation.

THE MINIMUM AMOUNT OF BOND IS $1,500 AND THERE IS NO MAXIMUM!

Don't rush unprepared into an Immigration Bond Hearing without an Immigration attorney to represent you!

The right to have a bond hearing is not given to a detainee automatically. He has to request one first. Sometimes, an ICE agent may offer the detainee to have a bond hearing immediately.

In the majority of the cases, the detainee takes this opportunity to be heard by the Judge for his bond hearing without any preparation hoping that the faster he has his bond hearing - the faster he will get out on bond from the detention center.

However, it does not always work out this way. Normally, when the immigrant gets arrested and transferred to a detention center, he does not have in his possession all the necessary paperwork for the judge to consider allowing the detainee to be released on bond. Thus, for the lack of documentation, the Judge denies the bond or gives the detainee a very high bond, which the detainee cannot pay.

Now the detainee is stuck in the detention center without a bond. ***It all happened because the detainee rushed into the bond hearing without being prepared or without consulting an immigration attorney.***

If José requested a bond hearing the moment he arrived to one of the detention centers without any professional help from the immigration attorney and the Judge proceeded with the hearing and denied the bond *due to a lack of supporting documents, it will be* ***almost impossible*** *for José's newly hired Attorney to succeed in getting José out on bond.* So, it is very important to obtain an immigration attorney, or at least consult with one, at the very first stage of the removal process.

BY LAW, YOU ONLY HAVE ONE CHANCE TO REQUEST A BOND HEARING!

Chapter 3: What are my rights as an immigrant?

CHAPTER 3 – What are my rights as an immigrant?

When José was stopped and arrested on the freeway, he did not know that as an immigrant he has rights!

1. *Right to remain silent. If you have been stopped and questioned by police or any government authority about your immigration status - you have a right to remain silent. This right can be exercised where you have been questioned, either your home or public place. Remember, if you tell any government official that you are a U.S. Citizen and you are not – there is a* ***lifetime*** *ban on applying for U.S. Immigration benefits!*

2. *Right to be represented by an attorney. You have the right to talk and be represented by an attorney in your case; however, the government does not pay for the cost of the attorney.*

3. *Right to refuse to sign any immigration documents and you can request to speak to an*

immigration attorney ***before*** *signing such documents. Sometimes a government representative can still proceed with the paperwork indicating that you refused to sign this piece of paper.*

4. *Rights against unlawful arrest. You have the right against being arrested unlawfully. A U.S. immigration officer may generally arrest you without the warrant only if he believes that you are in the United States illegally and that you are likely to escape before a warrant can be obtained for your arrest.*

5. *Right against unlawful searches and seizures. Except in cases of emergencies authorities are generally required to get a warrant issued by a judge* ***before*** *they can search your home. You have a right to refuse entry into your home without a valid warrant signed by a judge. To enter an immigrant's workplace an officer must have a* ***valid*** *search or arrest warrant or must have an employer's* ***permission*** *to enter the workplace.*

6. *Employment related rights. You have a right to receive a minimum wage. You have a right to be treated and paid fairly at your workplace. You cannot be held in the job against your will. You are entitled to have your workplace free from hazards likely to cause serious harm.*

Chapter 4:
I need to work – Do I have the government's Permission?

CHAPTER 4 – I need to work – Do I have the government's permission?

It's a given if you want to survive in this world, you must work in order to make a living, unless of course you were born into a rich family or inherited a large sum of money or by some miracle won the lottery. Most of the immigrants that I have had the privilege to work with are not rich. Actually, they are very poor, but they are willing to work as hard as they have to in order to make a living for themselves and their families. In fact, they are the hardest working people I've ever met in my entire life.

IMMIGRANTS ARE THE HARDEST WORKING PEOPLE I HAVE EVER MET IN MY LIFE!

Immigrants are not afraid of work: they work in the hot Georgian sun in a hundred plus degrees, they clean toilets, they work in the fields, they build houses, they clean dishes and serve us at restaurants, they clean offices and houses, they do our landscaping. And they never complain! Why?

Because some of them do not have papers which will allow them to legally work in the United States.

So, many are disenfranchised and feel they are unable to complain or request better treatment and many times do not have any choice but to accept whatever work is available at the moment. Our society accepts cheaper services and products due to immigrant labor, but looks the other way when it comes to legalizing these immigrants who give so much to our economy.

If you're not a citizen of the United States in order to officially work in the United States you need to have proof of lawful status. For permanent residents, you will need to provide a Social Security card along with your permanent resident card.

For those who do not have any legal status in United States - ***it's a bigger problem!***

It used to be much easier to obtain work in the state of Georgia even if you didn't have any proof of your legal status. However, with many changes in the law, employers are more restricted and are prohibited from hiring people who do not have legal documentation. *If any business in the state of Georgia knowingly hired an employee who cannot provide documentation of his legal status, this business can suffer consequences.*

First, the business will receive a written warning and a fine and secondly, if the problem is not resolved, the business might even lose its business license.

ANY BUSINESS CAN SUFFER CONSEQUENCES IF THEY KNOWINGLY HIRE AN IMMIGRANT-EMPLOYEE WITHOUT PROOF OF HIS LEGAL STATUS.

For this purpose, E-Verify was created as a system for businesses to confirm the legal status of each employee or their eligibility for legal work in the United States by submitting employees' credentials electronically.

It created a huge problem for a lot of

businesses. Some employers shared with me that they used to have people with no documents in their business for many years and the businesses suffered when they lost these employees.

The business owners trusted these employees for so many years as if they were family members and could trust them to produce quality work. Each business owner also stated that they would do anything possible to try to fix the employees' papers in order to keep them in their business. *One employer shared with me that his business will have a tremendous loss if they cannot figure out how to legalize those valuable people who have been with them 15, 20, 25 years working shoulder to shoulder.*

EVERY BUSINESS OWNER I SPOKE TO STATED THAT THEY WERE WILLING TO DO ANYTHING IN ORDER TO HELP THEIR EMPLOYEES OBTAIN PAPERS!

Some immigrants who do not have permanent residency can still obtain a Social Security number and an employment authorization document in order to legally work in the United States.

If you've already submitted your paperwork

with the immigration service for your permanent residency and are still waiting for the decision on your case, you are allowed to legally work in the United States with the employment authorization document and Social Security number.

Also, if you are currently in removal proceedings fighting your case in front of the immigration judge, you may be allowed to apply and obtain an employment authorization document as well. *There are also some other instances when immigrants can still obtain work authorization and will be eligible to legally work in the United States.*

SOME IMMIGRANTS WHO DO NOT HAVE PERMANENT RESIDENCY CAN STILL LEGALLY OBTAIN A SOCIAL SECURITY NUMBER AND A WORK AUTHORIZATION CARD!

Each time you apply for a work authorization card, you will be required to pay a filing fee to the United States Citizenship and Immigration Services (USCIS). A work authorization card is only valid for ***one year*** and it must be renewed ***90 days*** before its expiration date.

If your case has been denied by the Immigration Judge or by the USCIS, generally your employment authorization document is automatically voided and cannot be renewed again.

THE WORK AUTHORIZATION CARD IS ONLY VALID FOR ONE YEAR BUT CAN BE RENEWED!

* * *

On June 15, 2012 a memorandum was issued by the Secretary of Homeland Security, Janet Napolitano, with a subject "Exercising Prosecutorial Discretion with Respect to Individuals Who Came to the United States as Children" Which provided a new additional way of obtaining a work authorization document.

MEMORANDUM OF JANET NAPOLITANO "EXERCISING PROSECUTORIAL DISCRETION WITH RESPECT TO INDIVIDUALS WHO CAME TO THE UNITED STATES AS CHILDREN"

Only those individuals who can prove through verifiable documentation that they meet these criteria will be eligible for deferred action. Individuals ***will not be eligible*** if they are not currently in the United States and cannot prove that they have been physically present in the United States for a continuous period of ***no less than 5 years*** immediately preceding June 15, 2012.

Pursuant to the Secretary's June 15, 2012 Memorandum, in order to be eligible for deferred action, individuals must:

- *Have come to the United States when they were under the age of sixteen;*
- *Have continuously resided in the United States for* ***at least five years*** *preceding June 15, 2012 and are physically present in the United States and out of status on June 15, 2012;*
- *Currently be in school, have graduated from high school, have obtained a general education development certificate, or be an*

honorably discharged veterans of the Coast Guard or Armed Forces of the United States;

- *Have not been convicted of a felony offense, a significant misdemeanor offense, multiple misdemeanor offenses, or otherwise pose a threat to national security or public safety;*
- *Not be above the age of thirty on June 15, 2012.*

Individuals must also complete a background check and, for those individuals who make a request to USCIS and are not subject to a final order of removal, must be 15 years old or older to apply. Under existing regulations, an individual who has been granted deferred action is eligible to receive employment authorization for the period of deferred action, provided he or she can demonstrate "an economic necessity for employment." Deferred action can be terminated at any time at the agency's discretion or renewed by the agency.

AN INDIVIDUAL WHO HAS BEEN GRANTED DEFERRED ACTION IS ELIGIBLE TO RECEIVE

EMPLOYMENT AUTHORIZATION FOR THE PERIOD OF "DEFERRED ACTION."

Chapter 5: Will my marriage help me Or hurt me?

CHAPTER 5 – Will my marriage help me or hurt me?

Everybody wants to have a happily ever after, a beautiful wedding with amazing music, dance, champagne, and a lot of friends and relatives helping you celebrate your happiest day on Earth. *However, if you are an immigrant without any legal status in the United States, you have to think twice before you say, "I do"... I know, I know... it sounds a little bizarre, but trust me the decision to get married can affect your immigration case* ***negatively or positively****, depending on your current status and the type of case you may have with the immigration service.*

Let's take our friend José, for example. José came into the United States sometime in the middle of 2005. He used a tourist visa to enter the United States for three months. However, after the three months expired, José loved this country so much that he decided to stay in the United States illegally. All this time he has been living in the United States without any status. He has **never** been **arrested** or **deported** from the United States. In 2010, José met Angelica. They fell in love and decided to get married. Angelica happened to be a United States citizen.

Luckily for José, Angelica said, "Yes!" when he asked her to spend the rest of her life with him. So now the question is whether José will be able to change his status so he may remain legally in the United States? And the answer is **"Yes, he can!"**

As soon as José and Angelica get married, Angelica as a citizen of the United States will need to file a package for adjustment of status ("Green Card"). As soon as the paperwork's been processed by the USCIS, the couple will be invited to attend an interview where the immigration officer will determine if the marriage is valid and will grant or deny the application for adjustment of status based on a variety of factors.

In José's case that shouldn't be a problem because José married Angelica for love and **not** for the immigration benefits. So, his green card will be approved and he will be considered a permanent resident of the United States. Congratulations José, your marriage helped you to obtain your legal status in the United States!

SHAM MARRIAGES

Everybody should be aware of the consequences of sham (or fraudulent) marriages. *Sham marriages will **not** be tolerated by the immigration service.* An applicant who knowingly applied for immigration benefits based on the sham marriage will be ***punished*** for the rest of his or her life. People happen to become desperate and sometimes do not think about consequences of their actions. Due to a lack of any possibilities at the moment to fix their papers and a lack of knowledge, they do things that they will regret later ***for the rest of their lives.***

An ICE Representative will deport that person back to the country of origin and that person will ***never*** be able to come back to the United States legally. What if the President of the United States along with Congress approves an immigration reform in the near future or come up with a new way to become a Permanent Resident of the United States that was not available before? Because you were deported for a ***marriage*** fraud, you will ***never*** be able to benefit from any future reforms or a new immigration laws!

Is it worth the risk?

Like in our previous example, José entered the United States legally and decided to stay in spite of immigration restrictions of his visa. However, because he was trying to find any way to obtain his legal status and nothing was available for him at that moment, he decided to find a way to cheat the system. He heard from a friend that if someone entered the U.S. with a visa and marries a citizen of the United States – that person can obtain a Green Card very easily.

So, José decided to try his luck and find a girl who will agree to help him out for money. One evening he met Susan at the bar who claimed to be a citizen of the United States and made a deal with her: she agreed to marry José, file immigration papers for him and remain married to him for ***at least 2 years*** until José received his permanent Green Card. In return, José agreed to pay Susan $10,000 in 2 payments of $5,000 each (one payment will be paid up front and the final payment - at the end of the second year). The both shook hands on their "deal" and started the process.

Everything seemed to be working out as José hoped. However, when the couple was invited to the USCIS interview, things started getting very ugly. An Immigration Officer started asking both of them very private questions about the couple's relationships and neither could answer questions about each other. After a few minutes into the interview, the Officer warned Susan that she could go to prison and would be fined for false misrepresentation. Susan got very scared and admitted at once that José paid her to marry him for his Green Card.

José was immediately arrested and deported from the interview back to his country indefinitely. José will ***never*** be able to apply for any immigration benefits in the United States. José not only lost his $5,000, but he also lost his future in the United States.

Was it worth the risk? - I don't think so!!

* * *

In some cases, when you want to get married for love, as an immigrant, you have to think twice.

Before making it official, every immigrant has to ask himself the following questions:

1. *Do I currently have an open case pending with Immigration Service?*
2. *What type of case do I have?*
3. *What preference category do I belong to?*
4. *What would happen to my immigration case if I get married now?*
5. *Do I have a list of at least 3 attorneys to consult with about my case before I get married?*

Normally, we don't even think about these questions when are thinking about marring another person... but we should.

Let's say, your father who is a Lawful Permanent Resident ("LPR") filed a general family petition (I-130) on your behalf sometime in 2002. You belong to a priority category 2B as an unmarried son (over 21 years old) of an LPR.

Your case is currently pending with the USCIS as you are still waiting for your priority date to become available. It might take a long time before it becomes available.

During this time you are considered "status less" as you do not have legal status in the United States yet, but at the same time you are waiting while your case is in process. Please, note that while you are waiting for your priority date become available, you are not eligible for a work permit or social security number.

WHILE YOU ARE WAITING FOR YOUR PRIORITY DATE TO BECOME AVAILABLE, YOU ARE NOT ELIGIBLE FOR A WORK PERMIT OR SOCIAL SECURITY NUMBER.

If you get stopped by the police and a police officer asks you for your ID, which you were unable to provide, the officer most likely will call ICE and you will be booked and transferred to a detention facility or the ICE office for further processing.

However, if you can provide a copy of your Approval Notice of the Form I-130, the officer might let you go, understanding that your case is currently pending. I have had situations in my practice when a police officer did not have a clue what an I-130 was and because my client was unable to provide any form of ID, he was automatically transferred to ICE without any further questioning.

ICE does a complete investigation of the immigration status of the person and then decides what to do with him or her - let them go on their own recognizance, transfer them to one of the detention facilities, or remove them immediately from the United States.

However, if they can provide a copy of the I-130, there is a better chance that those individuals may be released. In the case of the client, when he was transferred to ICE, our office was able to contact an ICE officer and fax him a copy of Approval Notice of his I-130. The client was released the same day.

ICE AGENT CAN: RELEASE PERSON ON

HIS/HER OWN RECOGNIZANCE; TRANSFER PERSON TO A DETENTION FACILITY OR REMOVE HIM FROM THE UNITED STATES IMMEDIATELY.

But what if, while you are waiting for your priority date, you decided to get married. You did not think it was a big deal or you simply did not know that your father filed any immigration papers on your behalf. So, you did not consult with an immigration attorney and went forward with your marriage.

You have been waiting for a while now and finally, you found out that your priority date became available and you can proceed with your final step of your permanent residency. In fact, you were so excited about this news that you decided to complete all paperwork by yourself.

You conducted the necessary research, filled out all necessary forms, attached supporting documents, submitted the correct filing fees and mailed them to the right USCIS address.

You did it all just to find out a few months later during the interview that you were not eligible to apply for your permanent residency because you ***abandoned*** your I-130 petition on the day you ***got married.***

YOU SPENT ALL THIS MONEY AND WAITED FOR SO MANY YEARS JUST TO FIND OUT THAT YOU ARE NOT ELGIBLE TO APPLY

You wasted all this time and money because you did not do your due diligence by consulting with a ***professional*** before you got married. Your marriage hurt your case.

Please consult an immigration attorney before you make any major changes in your life even when you are not sure if you have any case pending on your behalf with the immigration service. You never know until you consult with an immigration lawyer. I have seen so many cases similar to the one described and have gotten so upset about people's unwillingness to consult with a lawyer for many reasons and the major one was the ***price of a***

consultation, that's why all of our consultations are **FREE**.

So now, please take control of your life and your future in the United States as you no longer have any excuses!

Chapter 6:
Public benefits – Are they really benefiting my case?

CHAPTER 6 – Public benefits – Are they really benefiting my case?

A lot of my clients when coming for a free consultation are concerned about obtaining public benefits. Many of them asked for those benefits on behalf of their children who are citizens of the United States; some of them asked for benefits for delivering a baby; some – for food stamps, etc.

The Immigration Service will punish immigrants who by requesting public benefits might become a ***"public charge."*** However, receiving public benefits does not automatically make an individual a public charge.

RECEIVING PUBLIC BENEFITS DOES NOT AUTOMATICALLY MAKE AN INDIVIDUAL A PUBLIC CHARGE.

"Public charge" has been part of U.S. immigration law for more than 100 years as a ground of inadmissibility and deportation. An individual who is likely at any time to become a public charge is inadmissible to the United States and ineligible to become a legal permanent resident.

WHAT IS A "PUBLIC CHARGE"?

A ***"public charge"*** as an individual who is likely to become "primarily dependent on the government for subsistence, as demonstrated by either the receipt of public cash assistance for income maintenance, or institutionalization for long-term care at government expense."

In determining whether an immigrant meets this definition for public charge inadmissibility, a number of factors are considered, including: age, health, family status, assets, resources, financial status, education, and skills. No single factor, other than the lack of an affidavit of support, if required, will determine whether an individual is a public charge.

*BENEFITS WHICH **ARE NOT** CONSIDERED A "PUBLIC CHARGE"*

Under the agency guidance, non-cash benefits and special-purpose cash benefits that are not intended for income maintenance are not subject to public charge consideration. Such benefits include:

- **Medicaid** and other health insurance (including public assistance for immunizations and for testing and treatment of symptoms of communicable diseases, use of health clinics, short-term rehabilitation services, prenatal care and emergency medical services) other than support for long-term institutional care.
- **Children's Health Insurance Program** (CHIP)
- **Food Stamps**, the **Special Supplemental Nutrition Program for Women**, **Infants and Children (WIC)**, the **National School Lunch and School Breakfast Program**, and other supplementary and emergency food assistance programs
- **Housing benefits**
- **Child care services**
- **Energy assistance**, such as the Low Income Home Energy Assistance Program (LIHEAP)
- **Emergency disaster relief**
- **Foster care and adoption assistance**

- **Educational assistance** (such as attending public school), including benefits under the **Head Start Act** and aid for elementary, secondary or higher education
- **Job training programs**
- Non-cash benefits under TANF such as subsidized child care or transit subsidies
- Cash payments that have been earned, such as Title II **Social Security benefits**, **government pensions**, and **veterans' benefits**, and other forms of earned benefits
- In-kind, community-based programs, services or assistance (such as soup kitchens, crisis counseling and intervention, and short-term shelter)
- **Unemployment compensation**

A lawful permanent residents (LPR) who currently possess a "green card" ***cannot*** be denied U.S. citizenship for lawfully receiving any public benefits for which they are eligible!

Chapter 7: Is the "Notary" my friend or my foe?

CHAPTER 7 – Is the "Notary" my friend or my foe?

Who are "Notaries"? - Notaries are ***NOT*** lawyers!

Often, they use the term "***Notarios Publicos***" in order to advertise their services to the Hispanic community. However, this title is ***not recognized*** in the United States and ***cannot*** be used to provide any legal advice or any legal services. They are ***not qualified*** to provide any immigration service or immigration related services to the community.

Often those people want to help the community, but actually end up hurting their community rather than helping. Often ***"notarios"*** take advantage of their own people by providing incompetent services, fooling people into believing the immigration process is simple and attorneys charge too much, and that they are here to help the community. In reality, yes, "notaries" generally charge less money in order to attract a lot more people, which may appeal to many people at first glance, but remember, ***it's a trap! To avoid fraud*** - *use your common sense!*

"NOTARIOS" GENERALLY CHARGE LESS

MONEY IN ORDER TO ATTRACT A LOT MORE PEOPLE. REMEMBER, IT'S A TRAP!

Here are some useful tips for you to consider:

- ***Do not believe*** if someone tells you about the secret new immigration law or claims to have connections or special influence with any government agency;
- ***Do not pay money*** to someone to refer you to an immigration lawyer;
- ***Walk away*** from an "immigration lawyer" who doesn't have a license;
- ***Never sign an application that contains false information*** and try not to sign blank forms, if you must sign a blank form make sure you get a copy of the complete form and check everything on that form. If the documents are in a different language than your language of origin, ask to have the document explained to you in your language of origin.
- ***Insist on a written contract*** that spells out the fees and expenses and make sure you receive a receipt especially if you pay cash.

DO NOT LET NOTARIOS HARM YOU AND YOUR FAMILY!!!

You cannot believe how many times I have been faced with devastating situations when so many clients of mine were harmed by unscrupulous "notaries." When the immigrant came into my office it was already too late to fix his situation. The only answer I could give to this client was, *"there is nothing I can do for you; the damage has been done..."*

Just imagine if this client would have never gone to a "notario" to process his papers, he would have never put himself and his family members in a situation like this one. A situation where nothing can be done and he is punished for the rest of his life and this one mistake that he made by going to an unprofessional person cost him everything!

I am sad to see this happening every single day as a lot of people are getting harmed by "notarios" without realizing the harm until it is too late.

They think they are saving money by using a notario's services, but in the end, they are not eligible to ever obtain legal status in the United States and they are willing to pay any sum of money on order to correct the notario's mistake. Unfortunately, it is too late and no amount of money can save the situation they put themselves into.

MANY NOTARIOS DO NOT PUT THEIR NAME AS A PREPARER OF THE FORMS!

Many notarios do not put their name as a preparer of the forms. In this case, it would be almost impossible to track who did in fact prepare the forms. So the bottom line is there is nobody to blame or to punish for any mistakes done by notarios. As far as the immigration service knows, you completed the form yourself, you signed the form and ***you are to blame for any mistakes***. Therefore the only person who suffers is the immigrant or the immigrant's family - ***YOU***!

MAKE THE RIGHT CHOICE - AVOID NOTARIO FRAUD, HIRE A PROFESSIONAL!

Another reason not to hire a "notario"…

"Notarios" are not licensed by the states to practice law or provide legal advice. Many have been punished for unauthorized practice of law.

On the other hand, if you go to a professional, such as an immigration attorney who has a license with a bar number to practice law in the United States, you will have less damages and more choices.

Every attorney is responsible for any type of mistake done in your case. If so, you will be eligible to ask for a complete or partial refund in your case if the attorney did not handle your case properly. In this case, the State Bar might be involved in the process of your claim to collect money from that attorney.

As you can see, there's very little value and no advantages for you to go to a notario instead of seeking professional help. Make the right choice - this is your ***LIFE!***

Chapter 8: What is DAPA? How can it help me?

CHAPTER 8 – What is DAPA? How can it help me?

President O'Bama has recently enacted Deferred Action for Parental Accountability (DAPA). This new process will allow parents of a son or daughter who is a U.S. Citizen a 3 year deferred action status with work authorization.

How will DAPA help Jose? Jose came illegally to the U.S. to work in 1998. He lived and worked without any problems in Georgia. He met Maria in 2008 and they had 2 children who are U.S. Citizens. They were born in 2009 and 2010. Jose can prove that he continuously resided in the U.S. from 2004 until today. Jose was physically present in the U.S. on November 20, 2014 but still had no legal status.

DAPA will allow Jose to receive a 3 year deferred action status with a work authorization. Now when Jose goes to work he won't have to worry that he could be arrested and deported and won't come home to Maria and the kids!

In order to qualify for DAPA and receive the 3 year

deferred action status with a work authorization the applicant must:

1. *Have on November 20, 2014 a son or daughter who is a U.S. Citizen or lawful permanent resident;*
2. *Has continuously resided in the U.S. since before January 1, 2005;*
3. *Must be physically present in the U.S. on November 20, 2014 and physically present in the U.S. at the time of filing of the DAPA Application;*
4. *Has no lawful status on November 20, 2014;*
5. *Is not an enforcement priority;*
6. *Presents no other factors (such as being convicted of a felony, or 3 or more misdemeanors) that in the exercise of prosecutorial discretion makes a grant of deferred action inappropriate;*
7. *USCIS will begin accepting applications 180 days from the date of the announcement;*
8. *Filing fees will be $465.00 – paid to the U.S. Government.*

DAPA by itself won't grant a "green card." But, it

would allow Jose to remain and work legally in the U.S. until he qualifies for an adjustment of status. Every case is unique and often times immigrants may qualify in ways they were not aware of to get legal status in the U.S.

About The Author

George F. McCranie IV is a successful and nationally recognized DUI and criminal defense lawyer. George works tirelessly to educate our families, children and friends on criminal defense issues.

George has been seen on countless network television stations, including ABC, CBS, NBC and Fox affiliates around the nation and has also been featured in *USA Today*.

He is also a co-author of the #1 best-selling book "Protect & Defend". In 2012, he was inducted into the "National Academy of Best-Selling Authors" where he was presented with a Golden Quilly Award. George has his 2nd book completed on DUI Defense and anticipates that it will be published in late 2013.

In 1995, George received his Juris Doctor from the Mississippi College School of Law. He completed his Bachelor's degree in History in 1992 from Valdosta State University.

George's legal accomplishments include being named as a Fellow of the Lawyers Foundation of Georgia, an honor that is limited to 4 percent of the attorneys in the State. He is a member of the National College of DUI Defense (NCDD) and a member of the Georgia Association of Criminal Defense Lawyers (GACDL). He is also a former president of the Douglas Bar Association and former member of the Board of Governors of the State Bar of Georgia. He often lectures at area Driver Improvement Schools to better educate the public on DUI laws, and is a National Highway and Safety Administration (NHTSA) trained instructor for Standardized Field Sobriety Testing.

Although he is based in Coffee County, he serves clients throughout southeast Georgia, and has been practicing law in Georgia since 1996. Between 1996 and 1998, George worked as a criminal prosecutor for the State of Georgia, which has given him experience and insight into how prosecutors handle criminal cases.

Besides continually supporting numerous local charities, George is a Producer of the upcoming documentary film about the Casa Hogar children's home in Acapulco, Mexico which launched production in January of 2013. The documentary will reveal an in-depth look at the incredible story of the Casa Hogar children's home, specifically how the home is providing a nurturing environment with a focus on education in this economically disadvantaged region. This project is important to George and his family as they have seen first-hand the number of young children begging and selling trinkets in the street. The documentary has provided a way for George to assist in helping the needy children of Alcapulco.

Printed in Dunstable, United Kingdom

91220868R00067